JN418851

허공의 집

허공의 집

반영호 시집

문학의전당

| 自 序 |

단장시조를 통해 언어를 자제하면서 하고 싶은 말은 다 하는 역설적 태도를 보여주고자 했다. 언어와 침묵을 공존시키고, 찰나 속에서 영원을 꿈꾸는 모습. 다시 말하면 모습을 드러내면서도 마음은 감추려는 노력이다.

문학의 형태로는 시가 가장 짧다. 짧다는 것은 하고자 하는 말을 극도로 함축하는 것. 가슴 끓이며 15자 안에서 조개가 품은 진주를 캐내고 싶은 것이다.

자중하며 흐르는 강은 언젠가는 바다에 이른다.

2011년 봄
반영호

| 차례 |

세상에서 가장 짧은 시

반영호 시집

파도

벼랑을
쥐어뜯는다
흥건한
핏물 진통

호수에서

누워서
하늘 된 호수

호수가 된
하늘

만산홍엽

누구냐?
불질러놓고
꽃구경하는 이

파도

수없이 자폭을 하던
그 푸르던
젊음아

겨울나무

혹한에
홀딱 벗고서
깊은 잠에
들었네

거미줄

스스로 과녁 만들고
표적이 되었구나

들꽃

나직이 엎드려서도
살포시
웃음 짓는

억새꽃

생명은 멈추었어도
영혼을 꽃 피우지

별빛

아무리 바람 불어도 꺼지지 않는
저 빛

잡초

바람에 쓰러지더라도
꺾이지는 않는다

등나무 꽃

대낮에 등을 밝히고 임 마중하는 너

전선줄에 앉은 참새

음표가 오선 위에서
노래를 하는구나

사랑과 미움

미움아, 너도 한때는 무척 사랑했었지

종달새

좋은 날
하늘 높이 떠
욕을 하고 있구나

들국화

과부로 늙은 여인의 가슴에 핀 젖꽃판

낮달

대낮도 밝히려느냐
오지랖도 넓은 년

그림자

해 뜨면 딱 달라붙는
너는
나의 샛서방

허공의 집

하늘에
먹줄 튕기며
유리성을 짓는 거미

빈집

거미여
왜 막는 거냐?
아무도 살지 않는데

바다에 내리는 눈

아무리 눈이 내려도
쌓이지는 않으리

겁 없는 아이들

참새가
허수아비의
어깨 위에 앉았다

누구나 햇병아리 때는

나비도
허물 벗기 전엔
징그러운 굼벵이

첫눈

순수한 하얀 마음이
세상을 평정했네

죄짓지 않은 자라면

파리는 부처 이마에 서슴없이 앉는다

철새

철새는 올 때에 이미 떠날 날을 받았지

안개 낀 아침 강가에서 1

씻어도
맑게 씻어도
희미한 눈동자

안개 낀 아침 강가에서 2

언제나 깨어 있는 강은
기지개도 안 켜는가

인생이란

잣대도 필요 없단다
처음 없이 가는 세월

시공時空의 원칙

여울엔 비치지 않지
반짝이는 별들도

시를 쓰다가

언어의 틈바구니를
오고 가는 바람아

추억

오래된 시집 책갈피
바스라진 단풍잎

상대성 1

그토록 조용하던 물
여울에선 노래해

상대성 2

초가집 기와집 허니
제비마저 갔구나

상대성 3

새들의
지저귐이란
우는 건지
웃는 건지

석류

그토록 빨개지다니
네 맘속을 알만해

오래된 사전

아무리 몸은 늙어도
정신만은 꼿꼿해

장마 뒤의 하늘

그렇게 쏟아 붓고도 뻔뻔스런 저 얼굴!

모기

소름이 오싹하는데
오죽할까
제 놈은

담쟁이덩굴

대놓고 엿보는구나
창문 너머 여인을

개화

깊은 속
내밀한 추파를
향기로 퍼뜨리는

고향

마음은 수시로 가도 낯설어만 진다네

보름달

호수에 시를 쓰느냐
새살궂은 은빛 달

아침이슬

날밤을 지새고 나면
외려 맑은 눈망울

봄소식

못 보낸 그대의 안부
꽃 전령이 보낸다

내가 살던 옛집

자물쇠 채워진 집에 거미가 살고 있네

황혼

고단한 하루의 해가 피 토하며 기우네

늙으막

초조한 늦가을 달이 발길 더욱 재촉하지

솟대

외다리 발돋움으로 누구를 기다리나

나무

바지를 걷어붙이고
마중 나온 장정들

화원에서

난蘭 기른 정성, 그만큼
사랑하라 연인을

옹이

가지가 잘린 자리에 상처 난 눈물자국

호수

사철을 푸른 것 보니
하늘빛을 닮은 맘

단풍

고와도 들여다보면 벌레 먹고 병든 잎

갈대

꽃인 듯
꽃 아닌 꽃을
꽃처럼 피웠구나

사랑하면

지천인 저 들꽃들도
꿀단지는 달콤해

일출

수억 번 배신했어도 다시 오면 순결해

첫사랑

샛강에 안개로 피어
노을로 진 그리움

비석

선 채로 돌이 되어라
우러러 고개 숙일

콩나물

저 음표 물만 마셔도 높은 음만 고집해

할미꽃 1

쑥스러 고개 숙여도 봉분封墳 높이 올라 핀

할미꽃 2

터지는 붉은 마음을 억누르는 황진이

백로

선비님,
망신스럽게
잠방이를 걷다뇨

별

검은 옷
페르시아 공주가
쏟아놓은 보석들

초보 인생

어차피 혼자타고서 겁 없이 달려가는

파도 1

오늘도 몸으로 우는 환향녀의 영혼아

파도 2

뿔뿔이 흩어지는가 하나 될 날 없는가

날다람쥐

일평생 서생원 신분
새가 되고 싶어라

야화夜花

낮보다 밤이 화려한 나방들의 저 환무

강물

음계여
낮은 음계여
깊어지는 침묵이여

풍경

강에서 태어난 붕어
산사에서 멸도滅度라

사과

시들고
벌레 먹어도
사과하긴 싫었어

시공時空

왜 하필 그때였을까
왜 그 자리였을까

벌과 꽃

무수히 허락한 뒤에야
열매 맺을 꽃잎들

들풀의 속내

엎드려 기다리나니 태풍 멎을 때까지

사랑, 그 뒤

선불리 저지르지 마
후회는 늘 네 몫이니

거미줄

표적지 한가운데서 버텨 섰는 저 뚝심

파리

너무도 죄진 게 많아
빌고 또 비는 생

사랑과 철학

사랑을 앓아본 이는 다
철학자가 된단다

산나리 꽃

백주에 벌리고 섰네
저 여자의 늦바람

완벽 혹은 조화

굽거나
고사목 없는
산과 숲은
없더라

새와 물고기

날갯짓
자취도 없고

유영했던
흔적 없다

바위

검버섯 피어나도록
오래도 사셨구먼

대나무

비울 것 다 비워내고
꼿꼿하게 사시네

구름

그곳이
어딘지 몰라
바람 타고 가는
길

순리

온다는 기별 없어도 어김없이 오더군

그믐과 초승

언제는 골이 났더니
살포시 웃음 짓는

수평선

한평생 그대와 나는 금 긋기만 해야 하나

강

대동맥 뻗혀진 통로
줄기마다 바다로

빙하

살아서 절대 못 건널
억겁의
세월이었지

시계바늘

오로지 앞길만 연다
후회 없는 전진뿐

노을

하늘을 닫는 의식이 어찌 저리 장엄할까

도자기

혼보다 뜨거운 열기
불꽃이 남긴 유물

우물

마음의 바닥에 고인 진실한 사랑 깊이

해돋이

땅 끝과 하늘 저 끝을 한 땀으로 꿰매는

자벌레

오늘도 나무의 키를
재고 또 재어본다

풀잎

한 방울 이슬이라도 허리 굽혀 받아요

바람

마음만 흔들어 놓고 말없이 떠나버린

연인

언제나 허기롭지요
갈증 많은 우리는

북극성

그 누가
말릴 것인가
변함없는
그대 마음

마중물

한 대접 물을 마셔야
큰물 끌어올리는

각설이

마른 건 싸 가져가고
젖은 건 먹고 가요

달맞이꽃

밤이면 숨어서 피는
말 못할 그대 사랑

데칼코마니

사과를
반으로 쪼개니
나비 한 쌍
숨어 있네

첫눈

신새벽 산길 걷는다
순결을 범하면서

재

사랑이 불타고 나면 남는 게 무엇일까?

은하수

캄캄한 밤이 되어야
소리 없이 흐르는 강

항심恒心

바람이 산을 흔들랴 바위를 움직이랴

눈꽃을 보며 회춘을 생각한다

저것 봐, 죽은 나무도 꽃피울 날 있잖니

말

꽁지에 불이 붙었다
독 묻은 혀
떠난 말

산

봄에는 사랑의 열병
가을엔 홍역 앓네

이혼

백지로 돌아가잔다
다시 갈 수 없는 길

미라

산 채로 무덤 되어도 소중한 그대 모습

부부

온갖 정 가신 뒤에도 그리움은 남는다

가을 은행나무

눈부신 황금 날갯짓
나비들의 운명은

해빙

겨우내 옹알이더니 가슴 훑어 흐르네

설화雪花

입춘절 다분 다분히 꽃잎 지는 슬픔아

봄 햇살

용하다
징검다리를
깨금발로 건너네

표주박

마음에 동동 뜨던 달
그리워요 어머니

등산길에서

든든한
길잡이 되어
앞서가는
다람쥐

| 해설 |

단장短章으로 쓰는 우주적 인간학

최준(시인)

1.

등단 초기부터 현재에 이르기까지 반영호 시인은 매우 독특한 시 쓰기를 지속해 오고 있다. 시인의 시도는 단독 등반가의 신념처럼 외롭고 고집스러워 보이기도 하고, 한 무더기 조각퍼즐을 쌓아 놓고 이를 맞추어 하나의 풍경을 완성해 가는 과정처럼 즐겁게도 여겨진다. 시인의 거듭된 노력에는 시인 나름의 소신도 엿보인다. 시인의 이러한 시도와 노력을 구체

적으로 말하자면, 우리 시조의 종장 형식만을 빌어 시를 쓰는 일이다. 시조의 종장만으로 자유시적인 내용을 담고 있는 한 편의 시를 완성해 보는 것.

이를 문학적 새로움이라는 측면에서 보면 치열한 실험정신이 바탕이 된 획기적인 사건이라고 말할 수도 있겠다. 자유시를 쓰면서 신춘문예에 시조로 당선한 이력도 지니고 있는 이 재주 많은 시인은, 어떻게 하면 말을 극도로 절제하면서도 의미를 완벽에 가깝게 담아낼 것인가에 대해 퍽 오랫동안 고심해 왔던 것 같다.

문학사를 거슬러 올라가다 보면 일찍이 이와 비슷한 시도가 전혀 없었던 것은 아니었다. 신라의 4구체 향가가 그러했고, 오언절구의 중국 한시가 그러했다. 열일곱 자로 엄격하게 틀이 짜여 있는 이웃나라 일본의 하이쿠도 마찬가지였다. 그러나 반영호 시인은 과거의 그 어느 양식보다도 작은 그릇 하나를 만들어냈다. 우리 시조의 종장 외형률인 3 · 5 · 4 · 3이라는 열다섯 자에 지나지 않는 형식으로 시를 쓰는 것이다. 세상에서 제일로 작은 잔이다. 화주 잔보다 작고, 정종 잔보다 작다. 용기인가. 만용인가. 장난인가.

시가 지나치게 짧으면 잠언이 되기 쉽다. 속담이나 격언처럼 단정적이기 십상이다. 시적 형상화도 언어의 작용인데, 극도의 언어 절제는 형상화를 어렵게 한다. 이건 기술적인 문제가 아니라 언어의 한계에 해당한다. 잠언적인 시는 구비나 고개 없이 일직선으로 내게 달려온다. 저 뒤에 숨은 것을 기웃거리고 궁금해 할 아무런 단초도 여유도 없다.

잠언적인 시는 읽는 이를 가르치려 하고 계도하려 한다. 시가 모종의 깨달음을 주기 위한 거라면 시는 우리 곁에 있어야 할 이유가 없다. 한 잔 커피의 여유를 즐기면서 호사롭게 시집을 펼칠 이유가 없다. 거듭 거듭 읽고 고개를 갸웃거리며 고민할 필요가 없다. 그저 스피커에서 흘러나오는 대중가요나 들으며 우연히 눈에 들어오는 풍광이나 감상하면 그만이다. 나도 그러고 싶을 때가 있고, 실제로 그럴 때도 있다.

그러나 시는 굴곡이고 곡절이며 공간이고 공터다. 말과 말 사이에 존재하는 그 무엇. 시는 그것이 기쁨이든 슬픔이든 사랑이든 이별이든 우리네 삶 속에 내재하는 그 모든 것들의 보이지 않는 정신이다. 삶이다. 지성적 지시가 아닌 감각의 현시. 실내가 훤히 들여다보이도록 활짝 열어놓은 창문이 아니라, 반투명 커튼으로 가려 놓아서 오감五感을 자극하고 호기심을 불러일으키는.

2.

반영호 시인의 짧은 시를 읽으면 그런 생각이 든다. 시인이 자신 안으로 거둬들인 밖의 것들을 다시 꺼내어 보여주며 우리에게 말하고자 하는 바가 무엇일까. 내부에서 화학적인 변화를 일으키는 것도 아니고 물리적인 변화에 가까운 시들을, 아무런 메시지도 담고 있지 않은 듯한 지극히 짧은 말들을 시인이 구태여 꺼내놓는 이유가 대체 무얼까.

이에 대해서는 시인 자신도 의문이다. 의문 덩어리다. 세계가 온통 비밀인 어린아이처럼 시인도 호기심으로 가득 차 있다. 시인의 마음은 아이 같아야 한다는 말을 흔히들 하지만, 실제로 그렇게 되는 건 여간 어려운 노릇이 아니다. 시인뿐만이 아니라 모두가 다 어린 시절이 분명 있었지만, 너무 멀리 지나왔고, 원하든 원하지 않든 지나오면서 듣고 보아 아는 게 너무 많다. 자꾸 어려워지려 하고 어렵게 보이려 한다. 이 점에서 반영호 시인은 참으로 드문 별종이다. 아이의 호기심과 아이의 마음을 그대로 지니고 있다. 온갖 게 다 의문투성이다.

왜 하필 그때였을까
왜 그 자리였을까

―「시공時空」 전문

시 「시공時空」은 "왜 하필 그때였을까/왜 그 자리였을까"라는 대구 형식의 의문문 두 문장으로 이루어져 있다. "그때"라는 시時와 "그 자리"라는 공空이다. 더없이 단순하고 한없이 단출하다. 그나마 문장이 의문문 형식을 띠고 있어서 다소의 '생각'이 끼어들 여지가 있을 뿐이다. 그러면 그 '생각'이란 어떤 생각인가. 이게 바로 시인의 노림수라면 어떨까. 다른 이들은 몰라도, 나는 시인의 노림수에 제대로 걸려들었다.

이 시를 읽는 순간, 나는 퍼뜩 한 여인을 떠올렸다. 외설이라 해도 좋고, 외도라 해도 변명하지 않겠다.

"그때" "그 자리"에 있던 여인. "그때" "그 자리"에 있었기에 만날 수 있었던 여인. "그때" "그 자리"에서 만났기에 헤어질 수밖에 없었던 여인. 우리가 만날 수 있고 헤어질 수도 있는 두 개의 인자가 바로 "그때"와 "그 자리", 다시 말하면 시간과 장소 아닌가. 시간을 공유한다고 해서 만나게 되는 것이 아니며, 공간을 공유한다고 해서 만나게 되는 것도 아니다. 이건 필연이자 약속이다. 약속이란 무엇인가. 시간과 공간을 서로 정하는 일이다. 몇 시에 어디에서 만나자는 것, 그게 바로 약속이다. 시간과 공간 공유하기.

그런데, 내 방식대로 이 시에다 여인을 끼워 넣으면, 그 바탕에는 슬픔 내지는 아픔의 정서가 놓여 있다. "왜 하필"이라는 말 때문이다. 이 말에는 긍정보다 부정이, 기쁨보다 슬픔이, 원하지 않음이 들어 있다. "~였을까"라는 과거형 종결은 모종의 후회가 될 수도 있다. 만남이 아니라 헤어짐이다. 시공을 초월한 만남이라는 말은 있지만, 이는 천상이나 종교 차원에서나 가능할 뿐, 지상이나 현실 차원에서는 불가능하다는 걸 모두가 알고 있다. 현실은 4차원이 아닌 3차원이다. 시간과 공간을 절대로! 벗어날 수 없다.

3차원의 세계에 있었기에, 나는 그 여인과 "그때" "그 자리"에서 헤어졌다. 아프다. 단 두 줄의 시로, 반영호 시인은 내 지난 이별의 아픔을 다시, 아프게 했다.

하지만 한 여자, 혹은 한 남자와 사랑 한 번 해 본 적이 없는 당신은 이 시를 읽고 무엇을 떠올렸을까. 교통사고를 당했었는가. 아니면 등산길에 낙상했었는가. 수영하다 물에 빠졌었는가. 시공에서, 나는 당신을 알지 못한다. 아무튼 "하필 그때" "그 자리"는 누구에게나 있다. 누구에게나 반드시, 있다.

시 「시공時空」은 반영호 시인의 시가 잠언이 아닌 이유를 단적으로 보여준다. 앞뒤 다 쳐내고, 이유도 다 없애버리고, 뼈대만 남겨놓고서 독자에게 나머지는 알아서 하라고 한다. 너도 나처럼 시공에 갇혀 살았고, 살아가고 있지 않느냐고, 그 삶에 우여곡절이 전혀 없었겠느냐고 반문한다. 지시하지 않고 슬쩍, 비껴간다. 그 비껴간 공간이, 한없이, 넓다. 이 냉정한 비낌과 능청과 능침이 반영호 시인의 짧은 시를 시로 만든다. 시답게 한다.

백주에 벌리고 섰네

저 여자의 늦바람

—「산나리 꽃」 전문

기막힌 의인화다. 산나리 꽃을 늦바람 난 여자로 바꿨다. 밤도 아닌 한낮에 부끄러움도 없이 마구 발동하는 색기色氣. 에로틱의 극치다. 이 시를 읽은 당신이 산나리 꽃을 보게 된다면, 장담하건대, 이 시를 떠올리지 않을 수 없겠다. 꽃의 그 모양새와 색깔과 뻔뻔함, 또는 당당함으로 인해서. 그렇지만 이 시는 검열에는 걸리지 않는다. 걸린다면 바람 난 여자가 걸리겠지만, 거기에는 상대남이 없다. 아니, 무수히 많기 때문에 불특정 다수를 단죄하기는 불가능하다. 에로틱할 뿐 외설은 아니다. 정도의 차이가 있을 뿐 관음증은 누구에게나 있다고 하지 않던가. 꽃을 보는 당신의 상상력이 건장한 체구의 사내에 가 닿을 리 없다. 꽃과 여자는 이미지의 동체다. 한 편 더 보자.

한평생 그대와 나는 금 긋기만 해야 하나

—「수평선」 전문

해변에서 바라보는 수평선은 하늘과 바다의 경계다. 그대는 하늘이어도 좋고 바다라도 무방하다. 그대가 하늘이라면 나는 바다이고, 그대가 바다라면 나는 하늘이다. 이 시의 중요지점은 '관계' 설정이다. 싸움이나 다툼 없는 관계가 없다는 전제 아래서 이 시를 읽으면, 화해하고 싶어진다. 사이에 나 있는 금을 지워버리고 싶어진다. "하나"라는 의문형 종결어미의 어조에는 분명 탄식과 후회와 애걸의 마음이 뒤섞여 있다. 단정적이 아니라 심정적이다. 자존심 때문에 말은 먼저 못하지만, 마음은 당장이라도 화해하고 싶음이다. 그리고 "한평생"은 곧, '살아가는 동안' 이다.

용하다
징검다리를
깨금발로 건너네

—「봄 햇살」 전문

"봄 햇살"을 두고 이렇게 표현하는 게 가능한가.

이 시에서 보듯이 시인의 시집에 실린 시편들 다수가 의인화나 활유화에 기대고 있는 건 결코 우연이 아니다. "징검다리를/깨금발로 건너"가는 "봄 햇살"이라니! 나는 그 정경을 떠올려 보고는 전율했다. 여기에는 가벼운 무게가 있고, 하강하는 상승이 있다. 상반된 이 속성들을 두루 지니고 있는 주인공은 물론 "봄 햇살"이다.

신기하다. 반영호 시인의 눈은 때로 시각적인 기능뿐만이 아니라 다른 감각마저도 느끼는 복합적인 기능을 한다. 짧은 시에 대한 시인의 새로운 시도가 결코 무모하거나 혼자만의 결심이 아니라는 것을 이 시에서 다시 확인한다. 시인은 이 짧은 시 속에다 가히 우주적인 무한 넓이와 깊이를 담아낼 줄 안다. 시인이 가진 시적 역량이다. 일체의 서술을 배제한 채 오직 묘사만으로 시를 만들어내는.

3.

몇 해 전에 짧은 시들로 엮어 낸 시집으로 인해 시인은 마음고생을 많이 했다. 이 땅의 시조시인들에게서, 심지어는 일본인들에게서 까지도 항의 서한과 전화를 무수히 받았다. 시조시인들의 항의는 대부분 우리의 시조 형식을 자의적으로, 마음대로 바꾸어 전통을 무너뜨린다는 것이었고, 일본인들은 저희들의 하이쿠를 함부로 흉내 내었다는 항의였다. 시인에게서 그 말을 들으며 나는 실소했다. 비참한 심경이었다. 일본인들은 그렇다손 치더라도, 시조의 현대화를 그토록 외쳐대는 우리 시조시인들은 시조의 현대화를 위해 대체 무얼 했는가. 현대적인 소재를 끌어다 전통 운율에 맞추어 쓰면 그게 곧 현대화인가. 알다시피 시조는 평시조에서 엇시조로, 사설시조로 변화를 이어왔다. 엇시조를 쓰면 평시조를 쓰는 이들은 시조가 아니라 했고, 엇시조를 쓰는 이들은 사설시조를 시조가 아니라 했을 수도 있다. 그렇지만 오늘날엔 어떤가. 이들 시조 형식 모두를 다 시조라 통칭하지 않는가. 구별배행도 이를 시도하기 전까지는 엄두조차 내지 못했던 것 아닌가. 길어지는 것은 인정하지만 짧아지는 것은 절대로 용인하지 못 하겠다? 이런 억지가 대체 어디 있는가. 시인에 대한 그들의 항의를 나는 시기나 질투 이상으로 생각하지 않는다. 굳이 시의 경제성을 고려하지 않더라도, 시는 짧을수록

좋다고 말하는 이들의 자기모순과 어불성설을 분노 섞어 개탄하지 않을 수 없다.

그럼에도 불구하고, 반영호 시인에게 있어 시 쓰기는 곧 즐거움이며 행복이다. 시인의 시는 그래서 늘 현실보다 밝고, 명랑하다. 사는 일만 해도 버거운데, 시가 삶보다 더 고통스러워서야 되겠느냐고, 시인은 시로 말한다. 그렇다. 지상의 모든 삶은 행복해지기 위해서 땀 흘리고 고민한다. 게다가 시인은 참 부지런하기도 한데, 사람이 부지런하려면 한 가지의 전제가 있어야 한다. 자신이 하는 일이 즐거워야 한다는 것.

시인은 시를 쓰는 자신을 행복하게 여긴다. 시인은 손가락으로 땅 위에다 그림을 그리며 혼자 즐거워하는 어린아이처럼, 즐겁게 쓴다. 시인의 짧은 시들은 읽는 즐거움을 주고, 생각의 여지를 준다. 아까운 시간을 낭비하지 않도록 하려는 배려. 한 번 읽으면 저절로 외워져서 길을 걷다가, 어떠한 상황에 처하거나 혼자 있을 때면 다시 생각나게 하는 시. 발이 빠지는 난독 난해의 뻘을 건너고, 언어의 물살에 휩쓸리는 강을 건너 와 다 벗은 알몸으로 우리 앞에 다가선

시인의 시를 읽는 즐거움을, 혼자서만 만끽하기에는 너무 억울하다.

반영호 | 1996년 『문예한국』 시부문 등단.
2003년 부산일보 신춘문예 시조 「노을」 당선.
수필 「참개구리 만세」로 중봉문학상 수상.
중부문학, 둥그레 시 동인.
충북시조인협회, 충청북도 문인협회장 역임.
현 음성예총회장.
시 집 : 『별빛 그 찬란함이여』
『워리』
『맨 가장자리의 중심』
『아름다운 속임수』
시조집 : 『그대 그리운 이 가슴에』
『퇴화의 날개』

허공의 집

ⓒ 반영호 2011

초판인쇄 | 2011년 4월 13일 초판발행 | 2011년 4월 20일
지은이 | 반영호 펴 낸 이 | 김충규 펴낸곳 | **문학의전당**
출판등록 | 제387-2003-00048호(2003년 9월 8일)

주 소 | 121-718 서울특별시 마포구 공덕동 404번지 풍림VIP빌딩 202호
대표전화 | 02-852-1977 팩시밀리 | 02-852-1978
블 로 그 | http://blog.naver.com/mhjd2003
전자우편 | mhjd2003@naver.com

ISBN | 978-89-93481-92-1 03810

*이 책의 판권은 지은이와 문학의전당에 있습니다.
*양측의 서면 동의 없는 무단 전재 및 복제를 금합니다.
*잘못된 책은 바꿔드립니다.

값 9,000원